NOTICE HISTORIQUE

SUR LA VIE ET LES TRAVAUX

LÉON FOUCAULT

(DE L'INSTITUT)

PAR M. LISSAJOUS

Professeur de physique au Lycée Saint-Louis

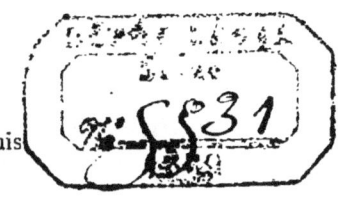

Messieurs,

otre Société a le pieux usage de payer dans sa
ce annuelle un tribut légitime de regrets aux
mes éminents qu'elle a perdus. Pouvait-elle,
année, oublier Léon Foucault, dont la fin
lle et prématurée a laissé un si grand vide dans
rangs ?

eût fallu une main plus illustre et plus exercée
r tracer avec autorité devant vous le portrait de
homme de génie dont la carrière fut si brillante
courte.

défaut d'un plus digne, l'un des plus obscurs

mais des plus dévoués parmi les amis de Foucault a dû accepter ce périlleux honneur, autant par déférence pour une Société dont il est un des fondateurs, que par dévouement pour une mémoire qui lui est bien chère.

Puissent donc les sentiments qui l'animent remonter de son cœur à ses lèvres ; puisse-t-il, à défaut d'éloquence, trouver quelques accents vrais dans les inspirations d'une admiration profonde, et les souvenirs d'une vieille amitié!

Jean-Bernard-Léon Foucault naquit à Paris, le 19 septembre 1819. Rien dans son enfance n'annonçait qu'il dût être illustre un jour ; il était d'une santé délicate, d'un caractère doux, timide et peu expansif. La faiblesse de sa constitution, la lenteur qu'il mettait dans son travail rendirent impossible pour lui la fréquentation du collége, ses études poursuivies dans diverses pensions furent terminées tardivement, grâce aux soins de maîtres dévoués, sous les yeux de sa mère.

Ce fut d'abord par les côtés pratiques qu'il révéla des aptitudes exceptionnelles. Dès l'âge de treize ans, il commençait à construire de ses mains, et presque sans outils, divers jouets scientifiques, œuvre de patience où se manifestaient à la fois des goûts sérieux, l'observation exacte des formes, l'étude approfondie des mécanismes. Ce fut d'abord un bateau, puis un télégraphe imité de ceux de Saint-Sulpice, dont il apercevait de sa fenêtre les gestes répétés, puis une machine à vapeur. Cette machine existe encore, précieuse relique, où sous les traces de l'inexpérience juvénile, se révèlent dans une exécution consciencieuse cette ténacité au travail et cette habileté de main dont Foucault devait tirer un si grand parti plus tard lorsqu'il abordait dans le silence du cabinet, avec des appareils entièrement construits par lui, les recherches les plus délicates.

Après avoir conquis ses diplômes de bachelier, il commença l'étude de la médecine : son intention était de se livrer de préférence à l'art chirurgical. Il remplit quelque temps les fonctions d'externe dans les hôpitaux. Sa dextérité naturelle, la sûreté de son coup d'œil, cet instinct du vrai qu'il possédait à un haut degré, faisaient espérer qu'il réussirait dans cette carrière; il y renonça cependant tout d'un coup, arrêté par la vue du sang et le spectacle douloureux des souffrances qu'il devait soulager au prix de souffrances plus grandes encore.

Pendant ses études médicales il fit la connaissance du docteur Donné, dont il suivait le cours de microscopie à la clinique de l'École de Médecine. M. Donné eut en lui d'abord un élève assidu, puis un préparateur sans égal, et enfin un collaborateur précieux. Foucault lui succéda en 1845 au *Journal des Débats* comme rédacteur du compte rendu scientifique, et l'étroite amitié qui les lia l'un à l'autre dura jusqu'au dernier jour.

Dès que la découverte de Daguerre fut connue, Foucault, un des premiers, se mit à l'œuvre avec un appareil construit de ses mains. Il arriva bientôt à une habileté exceptionnelle qui lui permit plus tard de reproduire avec une fidélité remarquable les objets microscopiques les plus délicats.

Lorsque la pile de Grove, modifiée par Bunsen, eut rendu facile la production de la lumière électrique, Foucault voulut substituer au microscope à gaz, dont l'emploi n'était pas alors sans danger, un appareil éclairé par cette lumière si brillante et si blanche. Dans la production de ce soleil artificiel, il eut l'heureuse idée de substituer au charbon de bois des baguettes de graphite des cornues à gaz. Puis, par un ensemble de dispositions heureuses, il arriva à maîtriser cette lumière capricieuse et variable, et, après de nombreux essais, réalisa en 1844 le microscope photoélectrique. Ceux d'entre nous qui étudiaient les sciences à cette époque, n'ont pas oublié les séances publiques où M. Donné faisait la démonstration de cet ingénieux instrument, et se souviennent aussi de l'habileté et du sang-froid avec lequel Foucault le faisait fonctionner.

Ce fut la première révélation publique de son talent d'expérimentateur. En 1849, il perfectionna son appareil, forçant la lumière à se régler elle-même à l'aide d'un mécanisme automoteur. Cet instrument fut appliqué à l'art théâtral dans le *Prophète*, où il servait à l'imitation du Soleil. Foucault l'utilisa également à l'exécution d'une série nombreuse d'expériences de démonstration.

Malheureusement le retard qu'il mit dans la publication de son travail lui enleva l'avantage d'annoncer avant tout autre au monde savant la solution de cet important problème. Mais il avait été le premier à le résoudre de la façon la plus heureuse et la plus sûre, comme le démontrèrent les preuves palpables qu'il put, grâce au concours empressé de M. Dumas, mettre en temps utile sous les yeux de l'Académie des sciences. Son appareil d'ailleurs a servi de point de départ à tout ce qui s'est fait de sérieux et de pratique dans cet ordre d'idées, et quand plus tard, se sentant dépassé, il se remit à l'œuvre, ce fut pour donner à la science et à l'industrie un régulateur de lumière électrique satisfaisant de la façon la plus complète aux prévisions de la théorie et aux exigences de la pratique, véritable chef-d'œuvre qui jusqu'à présent n'a pas été surpassé.

C'est ainsi que, suivant l'expression heureuse de M. Dumas, il a été donné à Foucault d'avoir dans cette question le premier et le dernier mot.

Aussi, Messieurs, quand nous voyons aujourd'hui la science se populariser dans les amphithéâtres en France et à l'étranger, grâce à l'emploi si répandu de la lumière électrique ; quand nous voyons cette brillante lumière ajouter à l'éclat de nos fêtes publiques, de nos représentations théâtrales, et permettre d'utiliser les nuits elles-mêmes à l'exécution de ces travaux gigantesques, monument de l'activité fiévreuse de notre époque; quand l'électricité entretient au sein de nos phares un flambeau plus puissant; quand les navires munis de ce flambeau protecteur peuvent sillonner les mers sans craindre de funestes rencontres, n'est-il pas légitime que la reconnaissance publique réserve un souvenir à l'homme qui a fait le premier et le dernier pas dans cette voie si féconde?

Vers l'époque où Foucault révélait son génie inventif à côté de M. Donné, il entreprenait quelques recherches en collaboration avec M. Fizeau. L'union de deux esprits aussi originaux ne pouvait produire que des œuvres remarquables, et en effet ils firent en commun, sur les interférences des rayons lumineux et calorifiques, des expériences de la plus haute importance. Les unes établissaient l'identité des radiations calorifique et lumineuse, les autres révélaient dans les mouvements vibratoires de l'éther lumineux une régularité persistante qui s'étendait à plusieurs milliers d'oscillations.

Mais leur collaboration eut peu de durée. En dehors du fonds commun, chacun d'eux avait une série d'idées personnelles qu'il désirait exploiter seul. Ils se séparèrent donc, non sans déchirement de part et d'autre, et si leur amitié eut à en souffrir, la science n'y perdit pas. Elle a fait avec équité la part de chacun, et nous ne pouvons qu'applaudir à la détermination qui porta ces deux intelligences d'élite à affirmer de bonne heure leur originalité propre dans des recherches complétement indépendantes.

Le premier travail que Foucault exécuta sans le secours d'aucun collaborateur fut son expérience si remarquable sur la comparaison de la vitesse de la lumière dans l'air et les milieux transparents. Cette comparaison avait aux yeux des savants la plus haute importance, car elle résolvait une question théorique sur laquelle la science ne s'était pas encore prononcée; elle permettait de décider si la lumière est une émanation matérielle des corps lumineux ou un mouvement ondulatoire transmis au sein d'un fluide répandu dans tout l'univers.

Arago avait donné l'idée première de la méthode et tenait à attacher son nom à une expérience qui permettait de prononcer sans appel entre Newton et Huyghens. Ce travail était commencé, mais l'exécution fut retardée par des difficultés expérimentales jusqu'au moment où la vue affaiblie d'Arago ne lui permit plus d'en espérer la réalisation.

Foucault avait été frappé des difficultés presque insurmontables que présentait l'expérience d'Arago. Il s'agissait en effet de saisir au passage une image instantanée de position indéterminée qu'un hasard heureux pouvait seul amener dans l'œil de l'observateur. Par une disposition aussi ingénieuse qu'inattendue, véritable trait de génie, Foucault rendait l'expérience facile en substituant à cette image fugitive et mobile une image permanente et fixe qui en était la reproduction fidèle.

L'expérience fut faite pour la première fois le samedi 17 mai 1850. Foucault avait porté le dernier coup à la théorie de l'émission. Qu'il nous soit permis de rappeler qu'au moment de faire fonctionner son appareil, fruit de longues études, Foucault eut l'extrême délicatesse d'aller demander à Arago une autorisation que celui-ci ne pouvait guère lui refuser. Néanmoins elle lui fut accordée avec tant de bonne grâce, qu'on ne sait ce qu'on doit le plus admirer de la déférence modeste du jeune savant ou de la noble condescendance du vieillard.

Plus tard Foucault compléta son travail. L'addition d'un rouage chronométrique, construit, sur ses indications, par Froment, lui permit de mesurer dans l'intérieur d'une chambre la vitesse absolue de la lumière, et d'apporter un élément nouveau et certain dans la détermination de la distance qui sépare la terre du soleil.

Ce fut en 1850 que Foucault exécuta l'expérience à jamais célèbre du pendule. Installé d'abord dans une cave de sa maison, rue d'Assas, l'appareil fut transporté à l'Observatoire dans la salle de la Méridienne. Puis, comme l'écrivait Foucault : « Le président de la République, dans sa haute sollicitude pour la science, voulut que cette expérience fût répétée magnifiquement au Panthéon. » Le pendule avait 57 mètres de hauteur, ses oscillations majestueuses duraient chacune 8". De petits monticules de sable humide, installés sur une tablette circulaire autour de l'appareil, recevaient à chaque oscillation le choc d'une pointe fixée à la boule du pendule, et la brèche ainsi formée s'agrandissait à chaque fois de quelques millimètres vers la gauche de l'observateur. Par cet artifice aussi simple qu'ingénieux, l'habile expérimentateur rendait visible à tous le sens invariable, suivant lequel se produisait la déviation du plan d'oscillation.

Peu d'expériences eurent un aussi grand succès de popularité. L'Académie recevait chaque semaine quelque note sur ce sujet. L'auteur était accablé de lettres de toute nature. C'était à qui lui demanderait des éclaircissements, à qui lui adresserait des félicitations ou des crititiques, à qui lui ferait hommage de théories destinées à expliquer ou à contredire son expérience. Dans cette correspondance volumineuse où la vérité se mêle à l'erreur, le grotesque même a sa part :

« Monsieur, lui écrivait une personne, je serais désireux d'avoir une de vos pendules marchant par le mouvement de la terre. Où pourrais-je me la procurer? Je vous serais très-reconnaissant de vouloir bien me l'indiquer. »

On se demanda naturellement comment il se faisait que personne n'eût pensé à cette expérience si frappante, si démonstrative et si simple. Une recherche faite dans les procès-verbaux inédits de l'Académie del Cimento fit trouver quelques vagues indications d'une expérience analogue dans une phrase de Viviani, que personne n'avait remarquée auparavant. Érudition tardive, qui tout en servant la science, eut surtout pour effet de venir en aide aux esprits jaloux à qui le succès de Foucault commençait à porter ombrage.

Ceux qui ont répété consciencieusement son expérience ont pu seuls se rendre compte des difficultés pratiques que présentait sa réalisation. Foucault a avoué qu'il ne les avait surmontées qu'après plusieurs années d'essais. C'est à sa persévérance, à sa ténacité, à la fermeté de ses convictions qu'il a dû d'atteindre le but dans une voie que d'autres avaient peut-être tenté de parcourir avant lui, mais certainement sans succès.

Néanmoins, il eut à cœur de prouver qu'il pouvait plus encore ; l'expérience du pendule pouvait passer pour une heureuse inspiration ; l'invention du gyroscope fut une œuvre savante longuement méritée, et par laquelle Foucault révélait un esprit d'analyse exceptionnel, et un sentiment profond des vérités mécaniques. C'était dans les considérations les plus délicates de la dynamique qu'il lui fallait puiser ses arguments pour expliquer les évolutions singulières de cet appareil capricieux qui offre dans certaines directions des résistances inattendues au déplacement, se comporte parfois comme s'il était soustrait à l'action de la pesanteur, et enfin, sert à démontrer sans aucune observation astronomique l'existence de la rotation terrestre, et jusqu'à la direction de l'axe autour duquel cette rotation s'effectue.

Les expériences de Foucault ont fourni une confirmation brillante des principes formulés par Poinsot dans son élégante théorie des rotations, et n'ont pas été sans influence sur les études pratiques faites depuis cette époque, pour élucider la théorie des projectiles à rotation rapide.

Le mouvement du gyroscope durait quelques minutes, celui du pendule durait plus longtemps, mais en s'affaiblissant avec rapidité; Foucault, à l'aide d'un mécanisme électro-magnétique, dont les fonctions étaient merveilleusement étudiées, parvint à entretenir pendant plusieurs heures le mouvement du pendule, et cet appareil ingénieux fut installé à l'Exposition de 1855.

Foucault ne restait étranger à aucun des progrès de la science. Dès qu'une idée nouvelle se faisait jour, il en saisissait la portée avec un admirable instinct. C'est ainsi qu'il fut un des premiers en France à comprendre toute l'importance de la théorie mécanique de la chaleur, et il imagina pour en démontrer le principe fondamental une expérience devenue aujourd'hui classique.

Parmi les excursions qu'il fit dans le domaine de l'électricité, une des plus heureuses fut la suite de ses études sur l'appareil qui a popularisé le nom de M. Ruhmkorff.

Masson et M. Bréguet avaient les premiers obtenu d'une bobine à double fil des étincelles à distance, la lumière dans le vide, et la charge d'un condensateur. M. Ruhmkorff en donnant de meilleures proportions au fil inducteur et au fil induit, en remplaçant le noyau de fer doux par un faisceau de fil de fer, la roue dentée de M. Masson par l'interrupteur automatique de Neef, avait constitué un instrument nouveau, inférieur par les dimensions à l'appareil de Masson, plus commode et plus puissant. M. Fizeau par l'adjonction d'un condensateur annexé au circuit inducteur en augmenta la puissance. Foucault eut l'idée de grouper méthodiquement plusieurs bobines d'induction, de les mettre en jeu au moyen d'un interrupteur à mercure de son invention, et obtint ainsi le premier ce flot d'étincelles que donnent ces instruments merveilleux. Sans l'interrupteur de Foucault, il eût été bien difficile et peut-être même impossible de porter ces appareils au degré de puissance que M. Ruhmkorff atteint aujourd'hui.

Lorsqu'il exécutait ces brillantes expériences, il circulait avec calme au milieu de ces générateurs d'électricité d'où jaillissait la foudre, une main systématiquement fixée dans sa poche, l'autre armée d'une pince en bois, exécutant toutes les manœuvres nécessaires avec une aisance et un sang-froid admirable, et jamais aucun faux mouvement ne l'exposa à une de ces décharges terribles qui pour lui surtout n'eussent pas été sans danger.

La réorganisation de l'Observatoire impérial donna à Foucault une position officielle, il fut attaché à cet établissement avec le titre de physicien. Ces fonctions offraient un champ nouveau à son activité. Il s'était tracé et avait tracé à l'administration un brillant programme qu'il aurait certainement rempli. C'est pendant cette période de sa vie scientifique qu'il fit faire un pas considérable à la fabrication des grands instruments d'optique.

L'Observatoire avait fait en 1855 l'acquisition de deux disques de flint et de crown fondus par MM. Chance de Birmingham. Ces disques devaient servir à la construction d'une lunette dépassant en puissance tous les instruments connus, Foucault fut chargé d'en diriger l'exécution. C'est surtout dans ce long travail que l'on peut saisir les caractères de cette méthode lente, progressive, mais sûre, qu'il appliquait à toutes ses recherches. Son intuition merveilleuse lui fit comprendre dès le début qu'il aurait bien plus à compter avec la pratique qu'avec la théorie; il commença donc par étudier dans les ateliers de la maison Sécretan les moyens de travail utilisés chez tous les opticiens. Il apporta dans cette étude toutes les ressources de son esprit d'analyse, et pour compléter son instruction il se fit ouvrier lui-même.

Les objectifs travaillés sous ses yeux furent soumis par lui aux essais habituels, c'est-à-dire à l'examen des objets terrestres et des astres. Méthode défectueuse et incertaine que les opticiens employaient faute de mieux, et qui rendait toutes les appréciations essentiellement dépendantes de la pureté si variable de l'atmosphère.

De pareils moyens ne pouvaient satisfaire un expérimentateur aussi consciencieux, il les pratiqua pour en constater l'imperfection, et leur substitua immédiatement un procédé plus sûr et plus correct. Il réalisait au foyer d'un miroir un point brillant, sorte d'astre artificiel dont les rayons réfléchis par la surface du miroir rejaillissaient sous forme de faisceau parallèle, comme s'ils émanaient d'une étoile virtuelle située à une distance infinie, c'était sur cette étoile qu'il visait à l'aide des lunettes dont il voulait apprécier le degré de perfection.

Il se servit dans ses premiers essais d'un miroir concave en verre; mais la lumière réfléchie faisait défaut. Ce fut alors qu'il eut l'idée heureuse de recouvrir la surface du verre d'un dépôt infiniment mince d'argent, afin de décupler le pouvoir réflecteur sans altérer aucunement la courbure.

Le procédé d'argenture sur verre dû à M. Drayton, dont il avait pu apprécier l'efficacité dans ses recherches sur la vitesse de la lumière, lui permit de réaliser son idée. C'est ainsi qu'il imagina chemin faisant le télescope à miroir de verre argenté.

Foucault ignorait que peu de temps auparavant M. Steinheil, avec le concours de M. Liebig, avait réalisé la même idée de l'autre côté du Rhin.

Heureusement la réclamation de priorité faite à ce sujet n'arrêta pas l'élan de Foucault, il fit construire plusieurs télescopes, et reconnut avec surprise que les miroirs travaillés par des mains également habiles ou par la même main présentaient au point de vue optique une valeur très-différente.

Ce fut alors qu'il imagina des moyens entièrement nouveaux d'explorer les surfaces optiques. L'un de ces moyens avait pour effet de centupler en quelque sorte le relief des plus faibles irrégularités de la surface et de les faire apparaître sous forme de saillies et de dépressions saisissables pour l'œil le moins exercé. Immédiatement Foucault eut l'idée de niveler en quelque sorte ces saillies imperceptibles en les usant par un polissage méthodique. Il y réussit.

L'ouvrier lui donnait une surface au poli éclatant, œuvre terminée en apparence, médiocre en réalité, Foucault l'amenait en quelques heures au dernier degré de perfection; il aimait à se comparer au sculpteur qui, par quelques retouches habiles, complète le travail du praticien, et donne au modelé d'un médaillon toute sa pureté artistique.

Avant lui le meilleur auxiliaire de l'opticien était un heureux hasard. Pouvait-il en être autrement? Quand un verre est usé jusqu'à ce dépoli presque transparent que les opticiens appellent le dernier douci, les aspérités de la surface sont tellement faibles qu'elles sont invisibles même au microscope, le poli n'a d'autre effet que de régulariser la surface en abaissant le niveau de ces éminences imperceptibles dont l'épaisseur est à peine de quelques dix-millièmes de millimètres. Or, c'est précisément dans cette épaisseur infiniment mince que peuvent trouver place une infinité de surfaces dont l'effet optique peut varier de la médiocrité à l'extrême perfection. Ces considérations nous donnent la mesure de la hardiesse de la méthode, et de l'importance du service rendu par Foucault.

Il est donc légitime, malgré les essais antérieurs, de laisser son nom à ces télescopes en verre argenté dont son système de retouche locale assura la perfection. Sans lui l'astronomie posséderait-elle aujourd'hui ces instruments légers et peu coûteux? Sous un faible volume ils présentent un pouvoir optique considérable, on peut les mouvoir aisément, les abriter à peu de frais, leur emploi est certainement appelé à populariser l'étude de l'astronomie physique si délaissée en France, en dehors des établissements de l'État. Si la détermination des constantes de l'astronomie exige des instruments d'une haute précision d'une installation coûteuse, et reste par cela même le privilége des grands observatoires, l'observation pure et simple des faits astronomiques est à la portée des volontaires de la science, et, pour les esprits indépendants qui ont la noble ambition de se rendre utiles sans aliéner leur liberté, la création du télescope Foucault est un véritable bienfait.

Si Foucault s'était arrêté quelque temps à perfectionner les télescopes, c'est qu'il comprenait que cette première étude avait l'avantage de le mettre en possession complète du travail des surfaces optiques, mais il ne perdait pas de vue les lunettes, et lorsqu'il jugea le moment venu, il aborda résolûment cette seconde partie de ses études sur les instruments d'optique. Mais cette fois les difficultés étaient bien plus grandes; en effet, dans un objectif de lunette il y a deux verres et quatre surfaces. Il faut combiner les courbures de ces surfaces de façon à obtenir des images parfaitement achromatiques, il faut de plus donner à ces surfaces la forme particulière qui assure à la vision son maximum de netteté. Si le résultat est imparfait, il faut pouvoir en déterminer la cause ; imperfection de la matière vitreuse, mauvais choix des courbures, ou défaut dans le travail des surfaces.

Toutes ces difficultés, Foucault les avait résolues. Il avait une méthode sûre pour reconnaître avant tout le degré de pureté des verres, un système rapide pour arriver expérimentalement à l'achromatisme, un moyen certain de reconnaître et de corriger l'imperfection de l'une quelconque des surfaces.

Il donna la mesure de son habileté dans la construction de deux objectifs : le premier qu'il voulait améliorer encore était excellent, il appartient à l'Observatoire de Paris. Le deuxième, supérieur à tout ce qui a été fait de meilleur dans les mêmes dimensions, est destiné à l'Observatoire de Lima. Il était donc à la veille d'aborder la construction du grand télescope de 1^m,20 de diamètre, et de la lunette de 75 centimètres destinés à l'Observatoire impérial de Paris. Si ce travail avait subi en apparence quelque retard, c'est que Foucault n'aimait pas à s'engager à la légère et n'entrait définitivement en lice qu'armé de toutes pièces et assuré de la victoire.

Les moyens si ingénieux imaginés par Foucault pour le travail des objectifs sont connus dans tous leurs détails du confident discret qu'il avait associé depuis cinq ans à ses travaux d'optique. Ils ne seront pas perdus pour la science et pour le pays.

Par une des dernières manifestations de sa volonté Foucault a mis à la disposition de M. Adolphe Martin les instruments mêmes qui lui avaient permis de réaliser son chef-d'œuvre. Il ne pouvait pas manifester d'une façon plus éclatante qu'il lui léguait le soin de continuer son œuvre et qu'il le considérait comme son seul collaborateur.

Puissions-nous donc voir terminer sans entraves ces travaux si importants à l'exécution desquels Foucault s'était longuement préparé! Puissions-nous ne pas avoir la douleur de voir l'étranger prendre l'avance, et enlever à notre pays la gloire d'appliquer pour la première fois à des instruments de premier ordre les procédés si remarquables dont Foucault est l'auteur !

Le dernier travail de ce savant si regretté, celui dans lequel malheureusement il usa ses forces fut également conçu pour aider au progrès de l'astronomie : nous voulons parler de ses recherches si étendues sur les régulateurs de vitesse.

La réalisation d'un mouvement rigoureusement uniforme dans les machines est un problème difficile et du plus grand intérêt. Sa solution rend possible la mesure des fractions les plus petites du temps. Elle permet de communiquer aux lunettes et aux télescopes ce mouvement régulier qui maintient l'astre observé dans le champ de l'instrument, malgré la rotation de la terre, et assure à la fois la commodité des observations et la précision des mesures.

Ce problème, Foucault le résolut par une modification ingénieuse du modérateur de Watt. Séduit par le succès complet de l'application de son appareil aux instruments astronomiques et aux chronographes, il conçut la pensée de faire entrer son régulateur dans le domaine de l'industrie. En effet, la réalisation du mouvement uniforme ne présente pas moins d'intérêt pour l'industrie que pour la science. Les machines-outils ne produisent d'effets satisfaisants que quand elles sont employées à une vitesse convenable et toujours la même, et le moteur qui donne la vie à tout un atelier doit conserver la régularité de son mouvement, quel que soit à chaque instant le travail qui lui est accidentellement imposé. Ce problème, James Watt en donna le premier une solution élégante mais imparfaite, et c'était une tentation bien séduisante pour Foucault de triompher là où James Watt n'avait obtenu qu'une victoire incomplète. Et d'ailleurs, à la suite, et comme sanction du succès, Foucault entrevoyait une brillante fortune, non point qu'il fût avide d'argent, mais la fortune, c'était pour lui l'indépendance. Cette indépendance complète et absolue qu'il désirait si ardemment, c'était la possibilité de réaliser ses grandes idées dans un laboratoire modèle avec des instruments de prix. C'était, après tant années de travail pénible, le confortable dans le travail.

Mais dès que Foucault fut engagé dans la voie industrielle, il comprit trop tard que la tâche était plus lourde qu'il ne l'avait pensé ; il ne s'agissait pas d'apporter sur chaque machine un organe nouveau, le substituant à un organe ancien, il fallait modifier les conditions de l'exécution suivant la disposition de chaque moteur, suivant les exigences particulières de chaque industrie. Il avait cru le problème limité, le terrain circonscrit, et il se trouvait chaque jour en présence de solutions nouvelles et de circonstances imprévues.

Chaque nouveau choc faisait jaillir une étincelle de génie de sa tête surexcitée, chaque difficulté nouvelle était pour lui l'occasion d'une nouvelle victoire. Tous les appareils réglés par lui ont fonctionné avec une admirable précision.

Une des épreuves les plus décisives qu'il eut à subir fut celle de l'Exposition de 1867. Son dernier modèle de régulateur était installé sur une machine française de M. Flaud, chargée de la mise en mouvement des outils de la section américaine. Par un hasard malheureux, il avait à vaincre une difficulté qui ne se rencontre jamais dans l'industrie : faire mouvoir à la fois un métier à tisser des plus délicats et des outils à travailler le bois, absorbant par moments une quantité énorme de travail mécanique, c'est-à-dire deux types extrêmes dans les machines-outils, l'un exigeant la régularité la plus absolue dans le mouvement, et l'autre apportant dans cette régularité le plus puissant élément de trouble. Tel fut le problème qu'il parvint à résoudre, mais au prix de quelle assiduité, de quelles angoisses ! Chaque matin, dès l'ouverture des portes, il était à la section américaine surveillant la marche de son régulateur, et quand il s'éloignait pour prendre part aux opérations du Jury, il était encore en esprit auprès de sa machine, prêt à parer à tout événement, tremblant de voir quelque circonstance imprévue donner prise à ses rivaux. Tant de persévérance fut récompensée par un triomphe complet, triomphe bien cruel, hélas ! puisqu'il hâta sa fin.

Depuis plusieurs mois, en effet, Foucault se sentait fatigué, les travaux multipliés qu'il poursuivait usaient à la fois ses forces physiques et intellectuelles. Il luttait contre cette fatigue avec une sorte d'activité fébrile, accumulant invention sur invention, car il avait hâte de terminer cette campagne des régulateurs qu'il avait entreprise un peu pour justifier l'empressement avec lequel la section de mécanique de l'Institut l'avait accueilli. Il voulait revenir aux travaux de pure physique qui avaient été sa gloire. Son programme était tracé. « J'ai devant moi, disait-il, pour vingt ans de recherches. » Dans le charmant pavillon de la rue d'Assas qui devait lui appartenir un jour, tout se préparait pour lui rendre le travail facile, un large balcon avait été construit pour recevoir le sidérostat qui devait lui permettre de faire de l'astronomie physique au coin de son feu. Son cabinet de travail avait été tendu d'une étoffe moelleuse aux tons doux, destinée à amortir les sons et à reposer la vue. Des doubles fenêtres garnies de glaces épaisses arrêtaient les bruits du dehors, et il se préparait à recommencer, dans une douce retraite troublée de temps en temps par la causerie d'amis dévoués, ces méditations fécondes qui avaient déjà tant donné à la science. Malheureusement, nous le comprenons trop aujourd'hui, cette recherche du confortable était certainement inspirée par le désir instinctif de conserver à l'intelligence toute sa puissance créatrice en épargnant la fatigue à un organisme affaibli.

Mais il était trop tard; le 10 juillet 1867 les symptômes décisifs de la paralysie s'annonçaient chez lui par un engourdissement de la main qui l'empêchait de signer son nom. Dès la première heure il se sentit perdu, ses études médicales avaient été trop complètes pour qu'il pût se faire illusion. Bientôt la langue s'embarrassa, puis la vue fut atteinte : tout ce qui pouvait aider à la manifestation extérieure de la pensée lui faisait défaut, alors que son intelligence restait presque intacte. Cette intelligence merveilleuse il l'employait à suivre les progrès de son mal, à en analyser les symptômes et quand il s'efforçait de peindre ses souffrances à l'aide de ces mots incohérents qui s'échappaient de sa bouche par un violent effort, c'était en termes d'une précision saisissante qui accusaient la netteté persistante de ses idées. Cette justesse d'expression qui était une de ses préoccupations constantes, il aimait à la retrouver chez les autres, et, quand un de ses amis venait à traduire fidèlement sa pensée, sa figure s'illuminait un instant, « C'est ça, disait-il, c'est ça, » puis il retombait dans ses sombres préoccupations, le désespoir l'envahissait de nouveau, et alors ses yeux privés de lumière se remplissaient de larmes, ses mains tremblantes s'étendaient dans l'obscurité comme pour implorer. « Mon Dieu ! Dieu ! Dieu ! s'écriait-il, qu'ai-je fait ! » Affreux supplice pour lui et aussi pour sa mère, ses parents et ses amis qui eurent six mois durant ce douloureux spectacle! Enfin il succomba, le 11 février 1868, Dieu mettait un terme à ce long martyre.

Quoique prévue, la mort de Léon Foucault causa en France et à l'étranger une douloureuse émotion. On sentait que notre pays perdait une de ses illustrations, la science une de ses gloires. La foule de ses admirateurs et de ses amis accompagna sa dépouille mortelle jusqu'au champ du repos. Le général Morin au nom de l'Institut, et M. Villarceau au nom du Bureau des longitudes prirent la parole sur sa tombe. Enfin M. Bertrand parla le dernier au nom des amis que Foucault comptait dans les rangs de l'Institut et en dehors, et se rendit l'interprète de leur douleur dans des adieux d'une touchante simplicité.

Qu'allait devenir l'œuvre inachevée de ce savant si original? Les documents qu'il avait pu laisser seraient-ils perdus? Les confidences qu'il avait pu faire tomberaient-elles dans l'oubli? Ses travaux en cours d'exécution seraient-ils abandonnés?

L'Empereur ne l'a pas voulu. Par son ordre, le ministre de l'instruction publique a confié à quelques amis dévoués, confidents, héritiers et collaborateurs de Foucault, le soin de réaliser cette pensée conservatrice [1].

---

1. Cette commission est composée de MM. ROLLAND, directeur général des Manufactures de l'État; Jules REGNAULT, directeur

Grâce à cette union de volontés puissantes et d'amitiés dévouées, grâce aux libéralités personnelles du souverain, au concours empressé de sa mère et de la famille de Léon Foucault, cette pieuse mission sera remplie et sauvegardera l'héritage scientifique d'un homme dont les découvertes ont enrichi la science et honoré le pays.

Devant la Société des amis des sciences, qu'il nous soit permis de rendre un respectueux et sincère hommage à l'intérêt bienveillant que témoigne l'Empereur pour toutes les recherches utiles, à cette générosité délicate qui vient spontanément en aide aux savants sans enchaîner en rien leur liberté. Foucault, nous le savons, s'honorait d'en avoir pendant sa carrière scientifique ressenti plus d'une fois le bienfait, mais il eût été bien profondément touché dans ses dernières épreuves, s'il eût pu croire que cette auguste protection le suivrait par delà le tombeau.

Il semblait que la nature eût pris à tâche d'établir un contraste saisissant entre l'organisation physique de L. Foucault et sa puissance intellectuelle. Qui aurait pu deviner l'homme de génie sous cette frêle apparence? Sa taille était peu élevée, sa tête petite, le front peu développé, les yeux inégaux, l'un franchement myope, l'autre presbyte. Aussi ne

---

de la Pharmacie centrale, professeur à la Faculté de médecine; Wolf, astronome à l'Observatoire impérial; Adolphe Martin, docteur ès sciences ; Lissajous, professeur au Lycée Saint-Louis.

regardait-il que de l'œil droit, tandis que l'œil gauche semblait abandonné dans le vague. A cette disposition, s'ajoutait une légère nuance de strabisme divergent qui donnait à son regard quelque chose d'étrange et de très-caractérisé.

L'expression de sa physionomie était ordinairement froide, son attitude modeste, son langage réservé; néanmoins l'ensemble de sa personne était distingué, il avait même dans la conversation un charme tout particulier qu'augmentaient encore la finesse de son sourire, le timbre agréable de sa voix, l'expression douce et parfois caressante de son regard. Il s'étudiait à racheter par l'exquise urbanité des formes ce qu'il y avait d'absolu dans ses idées et d'invariable dans ses convictions.

C'est qu'en effet il n'avançait jamais une opinion sans s'y être mûrement arrêté, et tout ce qu'il affirmait était le fruit de longues études et de méditations sérieuses. Aussi était-on étonné de la profondeur et de l'originalité de ses vues lorsqu'il se livrait un peu dans ces causeries intimes du jeudi qui réunissaient chez lui de nombreux savants. C'est ainsi que sans effort, et par la sûreté de son jugement, il avait conquis sur tous ceux qui l'entouraient une véritable autorité.

Malgré les lacunes de ses premières études, il eut la hardiesse, dès le début de sa carrière scientifique, d'aborder les questions les plus ardues et les plus délicates. Chemin faisant, il complétait son instruction mathématique, apportant dans ce travail réparateur sa ténacité et son indépendance de caractère. Aussi se fit-il une science à lui à laquelle il imprima le cachet indélébile de son originalité. Il en résumait les principes dans un langage symbolique dont ses amis les plus intimes avaient seuls l'habitude.

Comme expérimentateur, Foucault était d'une adresse sans égale. Tous les appareils destinés à ses premiers essais furent construits de ses mains avec une simplicité qui n'excluait pas l'élégance, et avec un soin qui en assurait la précision. S'il fut secondé parfois par les plus habiles constructeurs, il reconnut toujours loyalement ce qu'il devait à leur coopération, mais s'il trouva chez quelques-uns un concours utile et précieux, il ne fut à la merci d'aucun.

Il ne réservait d'ailleurs qu'à lui-même le soin de mettre la dernière main à ses appareils, et d'en opérer le réglage définitif. Il les faisait fonctionner avec une rare habileté et une sorte de coquetterie. Dès qu'il avait réalisé une de ses merveilleuses expériences, il l'installait à demeure dans sa modeste chambre qui devenait le rendez-vous des savants du monde entier [1].

---

[1]. Foucault, par son testament, a légué au Collége de France le gyroscope; au Conservatoire des Arts et Métiers, le pendule du Panthéon et celui de l'Exposition de 1855; à l'Observatoire, l'appareil qui a servi à la mesure de la vitesse de la lumière, et laissé tous les autres appareils et instruments de travail à M. Jules Regnault, le plus ancien de ses amis.

C'est là qu'il recevait tour à tour les Magnus, les Jacobi, les Wheastone, les Tyndall et tant d'autres, et Faraday dont le cœur égalait le génie, et cet excellent M. Delarive non moins aimé des savants, et toutes les illustrations de l'Institut de France que je ne puis nommer, car je craindrais que la présence de plusieurs d'entre eux ne gênât l'expression de ma respectueuse admiration.

C'est là que Foucault a vu venir à lui les hommes les plus éminents de la France et de l'étranger. C'est là qu'il a contracté d'illustres amitiés dont il avait le droit d'être fier, car elles n'avaient d'autres origine que l'attrait de son talent. Mais hâtons-nous de le dire, elles ne l'ont jamais rendu moins accessible à des amitiés plus obscures, mais aussi dévouées auxquelles il a tenu à honneur de rester fidèle dans la bonne comme dans la mauvaise fortune.

Foucault écrivait dans un style simple et correct, et dédaignait les artifices de langage sous lesquels se dissimule le vide de la pensée; il avait horreur du charlatanisme et de l'à peu près.

Tout travail, quelle que fût son origine, trouvait en lui un critique impartial et indépendant. Sans indulgence pour les œuvres médiocres, il avait des élans d'enthousiasme pour toute idée neuve, pour toute conception vraiment originale.

Incapable de dissimulation, il disait la vérité à tous sous une forme parfois incisive, jamais malveillante, mais avec tant de netteté et de finesse que le trait portait toujours au défaut de la cuirasse. Plût à Dieu que tous ceux qu'il blessa ainsi eussent eu la générosité de lui pardonner !

Jamais dans la presse scientifique aucune plume ne fut tenue avec plus d'indépendance et de dignité. Si, faute d'emploi, il demanda au journalisme les ressources de chaque jour, il ne releva jamais que de sa conscience ; il aima mieux manquer de souplesse que de droiture, et s'aliéner par sa sincérité la sympathie de quelques-uns, que de ne pas mériter par son courage l'estime de tous.

S'il fut incontestablement un homme de génie, il fut avant tout un honnête homme, et, dans sa vie trop courte mais si bien remplie, il n'eut jamais à se reprocher aucune faiblesse. Simple et modeste, il avait le jugement trop sûr pour ne pas avoir le sentiment exact de sa valeur et, s'il n'en tirait pas vanité, il avait assez d'estime de lui-même pour ne vouloir dans toutes ses épreuves d'autre appui que ses titres scientifiques.

Sa vie a été une lutte opiniâtre contre les difficultés de toute sorte qui attendent en ce monde les esprits indépendants. Son intelligence si puissante s'est usée avant l'âge dans le travail, mais du moins il a eu la satisfaction de voir qu'avant sa mort on lui rendait complète justice.

Il avait reçu dès 1855 une des plus hautes récompenses qu'un savant puisse ambitionner, cette médaille de Copley que la Société royale de Londres décerne chaque année, sans distinction de nationalité, aux travaux les plus éminents, aux découvertes les plus originales. En 1862, il prenait place au Bureau des longitudes. Plus tard l'Académie de Berlin et la Société royale de Londres et tous les corps savants de l'étranger l'appelaient spontanément dans leur sein. Enfin, en 1866, les portes de l'Institut s'ouvraient devant lui.

C'était la sanction suprême donnée à ses éminents travaux. Il l'avait attendue longtemps et laborieusement conquise. Il n'en jouit, hélas! que bien peu. Mais du moins les amis des sciences sont heureux de penser que notre premier corps savant, qui a toujours tenu à honneur d'appeler dans son sein les illustrations scientifiques de la France, n'a pas eu le regret de dire de Léon Foucault ce que l'Académie française écrivit tardivement sous le buste de Molière :

Rien ne manque à sa gloire, il manquait à la nôtre.

10648 — IMPRIMERIE GÉNÉRALE DE CH. LAHURE
Rue de Fleurus, 9, à Paris

10048. — IMPRIMERIE CH. UNSINGER, 83, rue du Tambour, 6, à Paris.

www.ingramcontent.com/pod-product-compliance
Lightning Source LLC
Chambersburg PA
CBHW060525050426
42451CB00009B/1162